AF364601

Antonio Anselmo Emediato

Minha Família

Ilustrações **Mance**

GERAÇÃO ZINHA

Quando Antonio Anselmo Emediato nasceu, em 2005, eu e a mãe dele, Ana Paula Anselmo, já estávamos separados. Ele morou todos os dias durante pouco mais de um ano na "casa da floresta", onde vivíamos, e logo depois foi viver em um apartamento com a mãe. Nunca deixou de ir toda semana para a casa do pai, mesmo ainda bebezinho. Algum tempo depois a mãe dele se casou. Antonio está crescendo, portanto, em duas casas, com duas famílias, feliz e sem traumas.

Antonio adora videogames e filmes na TV, mas, se vamos passear, ele pede sempre para ir numa livraria. Ele está crescendo no meio de livros. Aos seis anos de idade, quando ainda não estava alfabetizado, ele me viu escrevendo um livro e perguntou como os livros nasciam. "A gente senta diante do computador e escreve", eu respondi. "Mas e quando a gente ainda não sabe ler?", ele quis saber. "Bom, a pessoa dita e outra pessoa escreve", resmunguei. "Tá bom", disse Antonio, "então vamos começar".

O resultado é este livro gracioso e divertido que vocês vão ler. A história da pequena e agitada vida do próprio Antonio, entre uma casa e outra. Um ano depois do livro pronto, Antonio, já alfabetizado, leu sua história pela primeira vez e, como todo escritor exigente, mexeu no texto e autorizou a publicação. Um livro comovente e muito legal que este pai coruja recomenda, para os pais e filhos de qualquer família — separados ou não.

LUIZ FERNANDO EMEDIATO
escritor e pai do Antonio

Era uma Vez uma **família** muito **diferente.**

Mas primeiro
eu quero falar
do meu pai.

Meu pai mora numa casa na floresta. **Eu nasci lá.** Bem, eu nasci no hospital, mas depois eu fui para lá com meu pai, minha mãe e minha irmã Tata.

Eu não lembro

de muita coisa, mas vi as fotos.

Minha vó Nancy me dava banhos. Minha mãe me dava de mamar. Minha irmã Tata estava sempre junto. E tinha também a Eloah...

A Eloah
é minha
melhor
amiga.

Eu me lembro dela desde pequenininho. Eu
gosto dela porque ela brinca muito comigo.
De videogame, jogo de cartas e quebra-
-cabeça. Mas ela também me dá salgadinhos
e chocolate de montão. Disso meu pai não
gosta. Ele diz que faz mal pra saúde.

Salgadinho dá câncer!

— fala meu pai.

Salgadinho faz nascer cabelo onde não precisa ter cabelo.

Salgadinho é comida de cachorro!

BLÁ, BLÁ, BLÁ, BLÁ
Meu pai é um
EXAGERADO!

Vou falar agora dos meus irmãos: já falei da **Tata**. Ela é filha da minha mãe.

E tem o **Alexandre**, o **Rodrigo** e a **Fernanda**. Eles são filhos do meu pai. Parece complicado, mas não é.

Só tem um problema: eles
são ADULTOS. Eles gostam de
brincar comigo, mas bem que eu
podia ter um irmão da minha idade.
Um dia ainda vamos falar disso...

tem também a vovó Nancy, que dava banho em mim quando eu era bebê. Lembram? Mas ela mora em Minas e eu só brinco com ela nas férias. Quando ela vem, ela fica na casa da floresta.

E tem a **vó Maria**, mãe da minha mãe, que também mora em Minas. Mas dela eu vou falar mais na frente.

Agora eu preciso dizer uma coisa:

Eu não moro só na casa da floresta.

Eu moro em
DUAS casas.
Na casa da mamãe,
com ela e o Enoch,
e na casa da floresta,
com meu pai.

Na casa do meu pai eu tenho um quarto só para mim,

com TV e videogame,

teclado para

tocar música

e uma estante com

muitos livros

e MUITA

coisa legal.

Na casa da **mamãe** e do Enoch eu também tenho um quarto só para mim, com uma TV e DVD, videogame e uma coleção de carrinhos coloridos.

E tem o Enoch, que
é quase sem cabelo
e tinha bigode

(agora não
tem mais).

Bem, agora vocês já sabem:

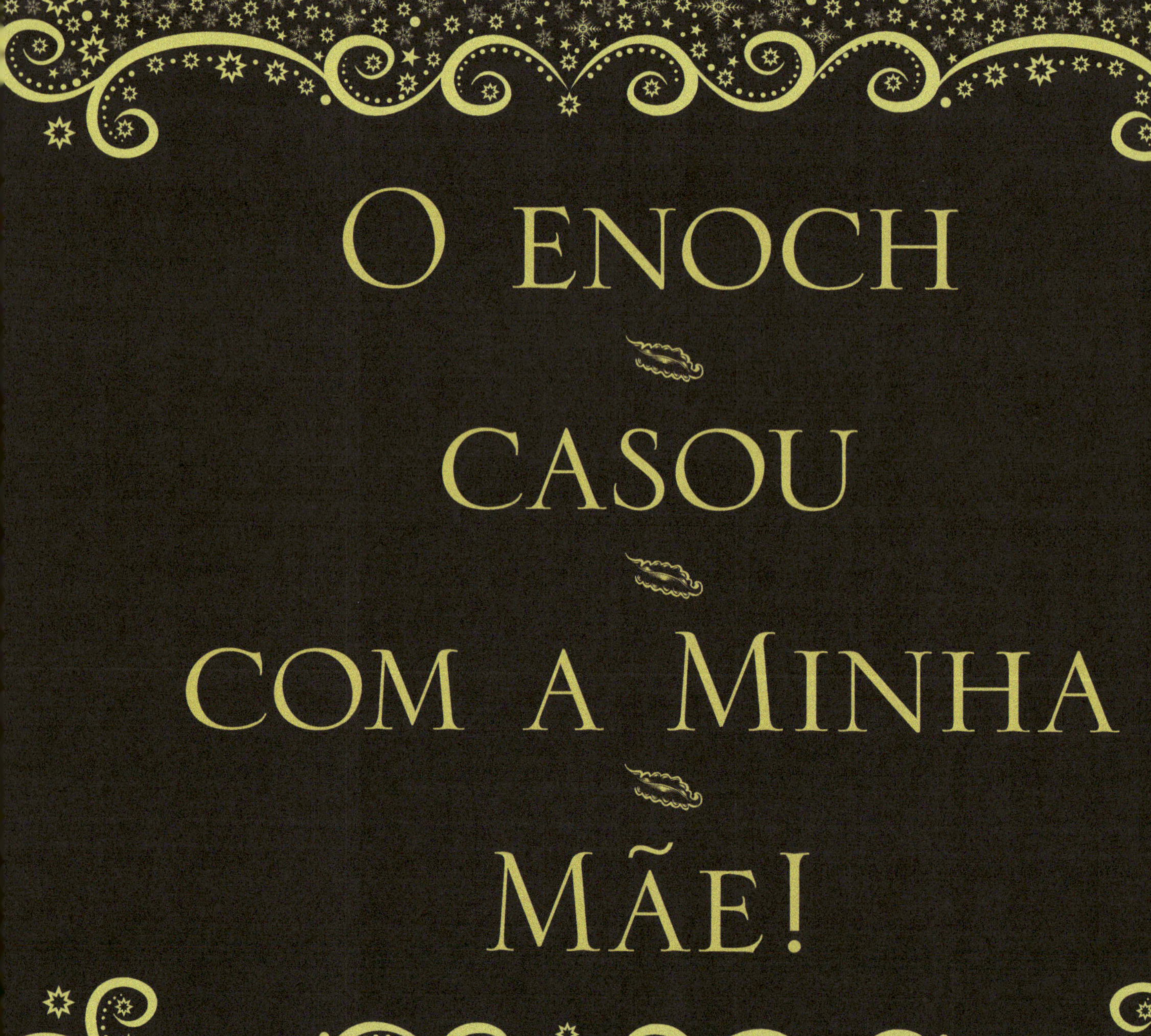

O Enoch sabe tocar piano e vive mexendo no meu teclado. Mas eu deixo, é claro. Ele fala inglês comigo. É muito legal morar lá.

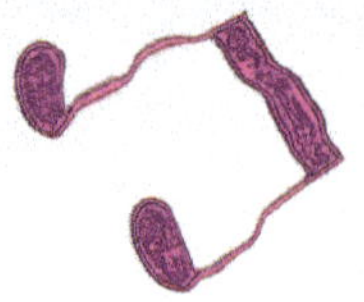

Agora eu preciso falar da Minha Escola.

Ela é do Canadá e lá falamos inglês. Na escola eu estudo, leio livros, brinco e falo inglês com meus amigos.

Oh, God! É isso aí.

HELLO!

Preciso falar
uma coisa
bem
chata:

quando eu falo inglês

com meu pai e
ele responde, eu não
entendo NADA
do que ele fala.

uando ele fala **world** (mundo), eu entendo word (palavra). E NÃO TEM JEITO DE ELE FALAR CERTO. Coitado do meu pai.

Aí eu falo do jeito certo para ele aprender, mas só três vezes. Se ele não aprende, eu desisto e chamo meu pai para jogar videogame. Jogar videogame é BEEMM mais divertido do que ensinar inglês para meu pai...

Morar em duas casas é bem legal,

mas tem um problema: quando meu pai se esquece de me devolver no domingo, na segunda-feira ele me leva direto para a escola e SEMPRE chega atrasado.

MapleBear
Canadian School

Blá
Blá
Blá
Blá
Blá

Minha mãe fica MUITO BRAVA. Ela diz que criança tem que ter ROTINA.

Blá

Xiiiiiiii !

Na casa da minha mãe e do Enoch eu tenho uma

ROTINA.

07:30 – Acordar

07:33 – Escovar os dentes

07:38 – Vestir as roupas

07:43 – Descer para o café da manhã

07:44 – Tomar café

08:02 – Fazer a lição de casa
08:32 – Jogar videogame
08:47 – Ler um livro

09:17 – Jogar bola
09:47 – Ver TV

10:30 – Arrumar as coisas
da escola
11:00 – Ir para a escola

O Enoch é bem organizado. Ele tem uma AGENDA. E ele anota nela tudo o que fazemos.

PARQUE
BOLA

Isso se chama
ORGANIZAÇÃO,
disse o Enoch.

Por causa disso,
algumas coisas
eu NÃO
POSSO FAZER.

Isso é muito chato.

Na casa da floresta

da floresta

é

BEEEMMM

diferente.

Na casa da floresta é assim:

Nos finais de semana
eu durmo até tarde,
não tomo café da
manhã se não quiser,
como o que quero,
brinco com o que gosto
e meu pai está sempre
perto de mim.

Ele me carrega no pescoço,
de cavalinho. Joga bola.
Nada comigo.
VAI
BRASIL !

Ninguém acredita, mas é verdade:

meu pai assistiu comigo,
TRINTA VEZES, o filme
Alvin e os Esquilos.

MEU PAI FAZ TUDO O QUE EU QUERO.

Bem,
QUASE
TUDO.

Ele ainda não me deixou brincar com seu jogo de facas. E demora muito pra ler o jornal. Às vezes eu fico bem IRRITADO com isso, mas aí ele fala alto e eu escuto isso: **"Ah, Antonio, dá um tempo, eu preciso saber o que acontece no mundo".** Bom, aí eu vou fazer outra coisa.

Mas para que serve isso, saber TUDO o que acontece no mundo? **Como isso pode ser melhor do que brincar?**

Nas férias é assim, minha mãe e o

Enoch me levam para a casa da minha vó Maria, que fica numa cidade bem pequena em Minas Gerais. O Enoch passa o tempo mexendo nas plantas e dormindo na rede. Minha mãe costura roupas com minha vó. Eu brinco com a Tata, andamos de patinete, vamos na praça, tomamos sorvete e joga-mos videogame. Minha vó gosta de brincar de luta e de pega-pega, ela é muito divertida.

Na outra metade das férias meu pai me leva para a casa na floresta e a gente faz trilhas no mato. A gente vê os macacos. As borboletas. Os peixes no laguinho. E de noite eu toco piano para meu pai. Ele gosta de música triste e eu também.

Depois meu pai me leva na praia. Preciso dizer para a minha mãe que comprei uma prancha e estou aprendendo a ser surfista.

Já imaginaram um surfista pianista?
Pois é: sou eu.

Um dia meu pai me pegou no colo e me perguntou: Antonio, você é feliz? Eu respondi: claro que sou. Eu já tive muitos dias que foram os dias mais felizes da minha vida! MUITOS DIAS.

Eu sou feliz porque não sou sozinho.
Eu tenho uma família.

Quer saber?

Eu tenho **DUAS** famílias.
Não é qualquer um que
pode ter isto.

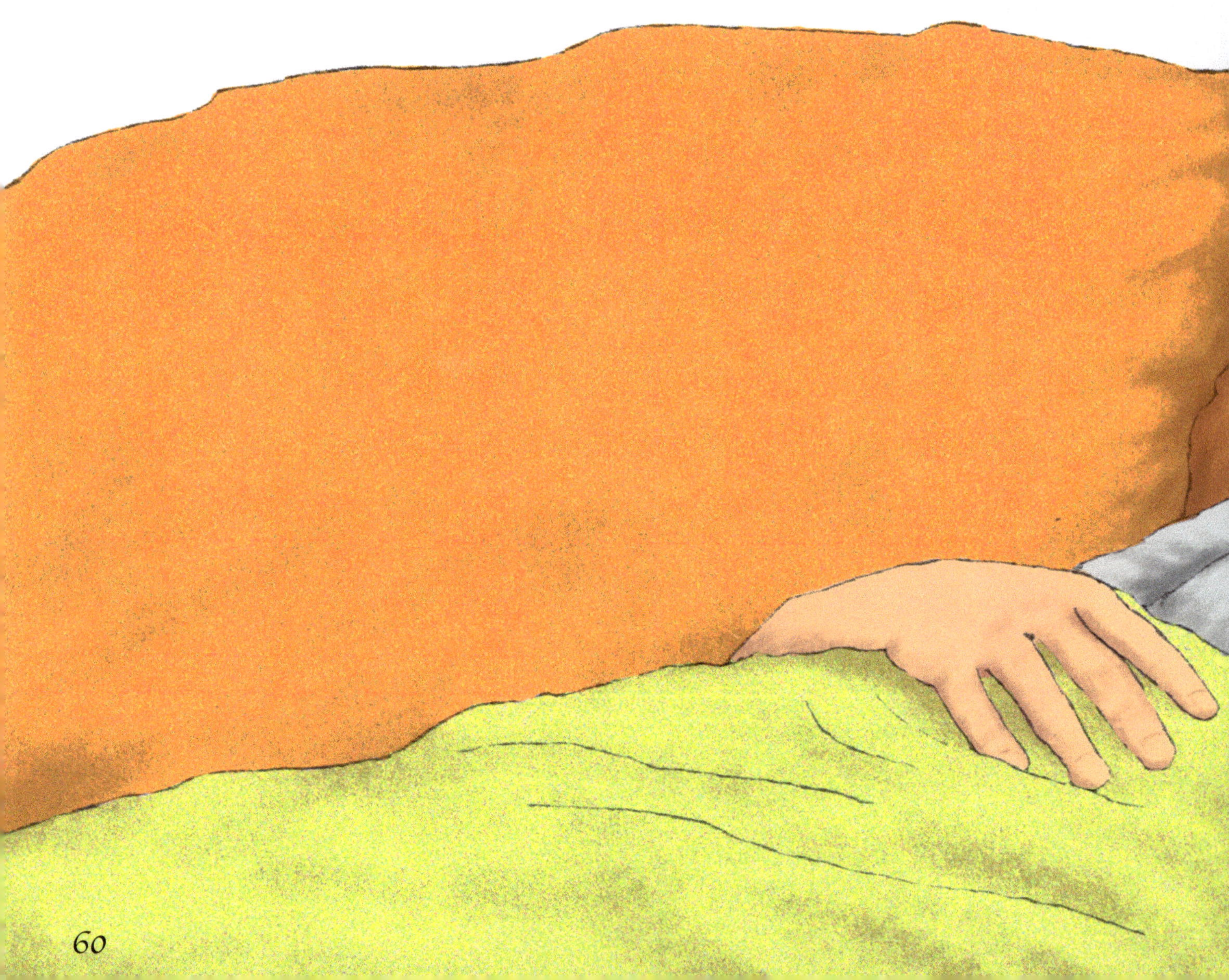

Copyright © 2012 by Antonio Anselmo Emediato

1ª edição — Setembro de 2013

Grafia atualizada segundo o Acordo Ortográfico da Língua Portuguesa
de 1990, que entrou em vigor no Brasil em 2009

Editor e Publisher
Luiz Fernando Emediato

Diretora Editorial
Fernanda Emediato

Produtora Editorial e Gráfica
Priscila Hernandez

Assistente Editorial
Carla Anaya Del Matto

Ilustrações
Mance

Projeto Gráfico, Capa e Diagramação
Alan Maia

Revisão
Marcia Benjamim

DADOS INTERNACIONAIS DE CATALOGAÇÃO NA PUBLICAÇÃO (CIP)
(Câmara Brasileira do Livro, SP, Brasil)

Anselmo Emediato, Antonio
    Minha família / Antonio Anselmo Emediato. -- ilustrações de Mance.
-- São Paulo : Geração Editorial, 2013.

    ISBN 978-85-8130-165-5

    1. Literatura infantojuvenil I. Título.

13-08794   CDD: 028.5

Índices para catálogo sistemático

1. Literatura infantil   028.5
2. Literatura infantojuvenil   028.5

GERAÇÃO EDITORIAL

Rua Gomes Freire, 225 — Lapa
CEP: 05075-010 — São Paulo — SP
Telefax: (+ 55 11) 3256-4444
Email: geracaoeditorial@geracaoeditorial.com.br
www.geracaoeditorial.com.br
twitter: @geracaobooks